Schirner Verlag

REINHARD STENGEL

FLÜCHE, BESETZUNGEN, IMPLANTATE lösen

Schirner Verlag

ISBN Printausgabe 978-3-8434-5064-5
ISBN E-Book 978-3-8434-6098-9

Reinhard Stengel:
Seelenschamanische Energiearbeit
Flüche, Besetzungen, Implantate lösen

Umschlag: Murat Karaçay, Schirner,
unter Verwendung von #8742024
(Sunnydays), www.fotolia.com
Satz: Simone Leikauf, Schirner
Redaktion: Bastian Rittinghaus, Schirner
Lektorat: Dirk Grosser
Printed by: Ren Medien GmbH, Germany

www.schirner.com

6. Auflage Februar 2018

Inhalt

Die Ratschläge in diesem Buch sind sorgfältig erwogen und geprüft. Sie bieten jedoch keinen Ersatz für kompetenten medizinischen Rat, sondern dienen der Begleitung und der Anregung der Selbstheilungskräfte. Alle Angaben in diesem Buch erfolgen daher ohne Gewährleistung oder Garantie seitens des Autors oder des Verlages. Eine Haftung des Autors bzw. des Verlages und seiner Beauftragten für Personen-, Sach- und Vermögensschäden ist daher ausgeschlossen.

Vorwort

Flüche und Besetzungen … Das liest sich vielleicht ein wenig beängstigend. Es klingt verdächtig nach schwarzer Magie und weckt unangenehme Assoziationen mit bösen Hexen oder unseren (zumeist falschen) Vorstellungen von Voodoo. Solche Wörter setzen oft einen ganzen Gedankenzug in Gang, der dann führerlos in angstbesetzte Gebiete rattert und uns – ob wir wollen oder nicht – mitnimmt.

In diesem Buch möchte ich dem eine gänzlich angstfreie, spirituelle Sicht auf diese Phänomene entgegenstellen, die vollständig im Alltag zu Hause ist: So wie es positive Energien gibt, die uns kräftigen und uns Freude schenken, gibt es auch negative Energien, die uns blockieren, uns Steine in den Weg legen oder uns emotional niederdrücken können. Diese Energien sind teilweise von uns selbst verursacht, teilweise von anderen Menschen oder rühren von weiteren Einflüssen her. Sowohl den Verursachern als auch den »Opfern« dieser Energien sind diese meist nicht bewusst. Wie so oft entsteht das meiste Leid durch Unachtsamkeit.

Dieses Buch soll dir dazu dienen, diese Energien zu erkennen und zu verstehen, dich vor ihren Einflüssen zu schützen, dich energetisch zu reinigen und zu befreien und dich auch davor bewahren, selbst Energien in die Welt zu senden, die auf andere Menschen und dich selbst negative Auswirkungen haben könnten.

Je bewusster wir in unserer seelenschamanischen Energiearbeit werden, desto leichter wird es für uns, unseren Weg, zu dem wir uns vor unserer jetzigen Inkarnation entschlossen haben, wirklich zu gehen und ohne jegliche energetische Belastung unser selbst gewähltes Schicksal zu erfüllen.

Manches von dem, was ich dir hier vorstellen werde, wird vielleicht schwer zu verstehen sein, weil es dein bisheriges Denken auf den Kopf stellt oder aber mir auch die richtigen Worte fehlen, um energetische Phänomene in unserer naturgemäß auf den Intellekt zugeschnittenen Sprache auszudrücken. Hier kann ich nur immer wieder darauf hinweisen, dass manche Dinge zwar schwer zu *verstehen,* aber leicht zu *erfahren* sind! Deshalb habe ich, wie auch in meinen anderen Büchern, neben den veranschaulichenden Beispielen immer wieder Übungen eingestreut, die dich befähigen, das Gesagte selbst innerlich zu überprüfen.

Der Schlüssel zur gesamten seelenschamanischen Arbeit ist das eigene Erfahren, das zu einem inneren, nicht nur an den Intellekt gebundenen Verstehen führt. Meine Aufgabe ist es stets, dich an deine eigene innere Weisheit zu erinnern und dir Vertrauen in deine eigene Erfahrung zuzusprechen. Alles andere ergibt sich von selbst.

Auch bei einem schwierigen oder vielleicht auch problematisch erscheinenden Thema wie Flüche und Besetzungen bitte ich dich also, Vertrauen zu haben. Vertrauen vor allem zu dir selbst und deinen inneren Prozessen, die dir auf deinem Weg begegnen werden.

Möge dieses Buch dein Bewusstsein für energetische Phänomene schärfen, deine Achtsamkeit im Umgang mit dir selbst und anderen erhöhen und dein Leben immer unbeschwerter machen!

Reinhard Stengel
Frühjahr 2013

Unser Energiesystem

Wenn du ein Buch wie dieses zur Hand nimmst, wirst du dich wahrscheinlich schon mit Energiearbeit beschäftigt haben. Vielleicht hast du auch schon ein Seminar von mir besucht oder eines meiner anderen Bücher gelesen. Gerade im Buch über die Chakren gehe ich ausführlich auf unser Energiesystem ein. Hier möchte ich zur Einführung kurz zusammenfassend darlegen, wie das Energiesystem des Menschen im Seelenschamanismus gesehen wird.

Qi, Ki, Prana, Äther, Odem – in fast allen Kulturen gibt es ein Wort für die grundlegende Energie, die den Kosmos und alles, was in ihm lebt, durchwirkt. Jedes Lebewesen hat Anteil an dieser Energie. Sie durchdringt und erfüllt jedes Wesen und macht es überhaupt erst lebendig. Rund 60 Prozent unseres Energiebedarfs wird durch die Aufnahme von Prana gewährleistet, der Rest speist sich aus Ernährung und Bewegung.

Der Mensch nimmt diese Energie durch seine Chakren auf, die die kosmische Energie anziehen, in den Körper leiten und dort verteilen. Mit ein bisschen Übung kann man diese Energie in sich selbst fühlen. Lasse uns also gleich praktisch werden und einmal in uns hineinspüren …

Übung 1: Energie wahrnehmen

Stelle dich aufrecht hin, zentriere und erde dich mithilfe deines Atems. Wenn es dir möglich ist, machst du diese Übung am besten, indem du unter freiem Himmel barfuß auf unserer Mutter Erde stehst.

Folge mit deiner Aufmerksamkeit deinem Atem, folge ihm, wie er in dich herein- und wieder hinausströmt. Nimm dir dafür ein paar Minuten Zeit. Dann spüre bewusst die Erde unter dir, und visualisiere, wie die Kraft der Erde langsam in deine Fußsohlen aufsteigt, deine Beine heraufströmt, dein Becken durchdringt, deine Wirbelsäule erklettert und sich in Kopf, Brust, Schultern und Arme ergießt. Spüre nun in deine Hände (da hier die Herznebenchakren angesiedelt sind, ist es für die meisten Menschen sehr einfach, hier den Fluss der Energie zu erspüren), und nimm die Veränderung in ihnen wahr. Werden deine Handflächen wärmer? Prickeln sie vielleicht sogar? Öffne deine Augen, und schaue deine Handflächen an. Bewege deine Hände ganz langsam durch die Luft. Spürst du die Energie, wenn du deinen Handflächen deine ganze

Aufmerksamkeit zukommen lässt? Das ist das Prana, das durch dich hindurchfließt: die Kraft, die dich lebendig macht!

Diese Energie fließt ständig in dir. Manchmal fließt sie ungehindert, und du fühlst dich entsprechend leicht und kraftvoll. Manchmal stößt sie auf Hindernisse, die sie langsamer machen oder sie zwingen, Umwege zu nehmen, was dazu führt, dass du dich entsprechend schwer oder niedergeschlagen fühlst. Diese Hindernisse sind meist innere Blockaden, die durch seelische Verletzungen, psychische und physische Traumata, Selbstzweifel, Selbsturteile, negative Glaubenssätze, aber auch durch Altlasten aus vergangenen Inkarnationen hervorgerufen werden können. Diese Blockaden bestehen als Schwingungen in uns, deren Frequenz den Fluss des Prana behindert. Gerade unsere eigenen Gedanken sind sehr kraftvolle Schwingungen, die die Macht haben, unsere Energie zu fesseln und zu schwächen. Das kann wohl jeder, der sich einmal ernsthafte Sorgen um irgendetwas oder irgendjemanden gemacht hat, aus eigener Erfahrung bestätigen. Gedanken führen zu Emotionen, Emotionen führen zu körperlichen Symptomen. Zum Beispiel kommt erst der Gedanke »Das kann nie und nimmer gut ausgehen!«, dann kommt die Emotion Sorge, dann kommt das körperliche Symptom Bauchschmerz oder ein Engegefühl im Brustbereich.

Die seelenschamanische Arbeit beschäftigt sich hauptsächlich damit, die seelischen Hintergründe von körperlichen Symptomen ausfindig zu machen, den oben genannten Weg also rückwärts zu beschreiten, um (in Anbindung an die geistige Welt) einen Schritt weiter zu gehen und die gefundenen Blockaden energetisch aufzulösen, damit die Energie wieder besser fließen kann.

Schauen wir uns nun verschiedene Energien an, um uns langsam dem Thema Flüche und Besetzungen und dem, was ich darunter verstehe, zu nähern.

Energien und Gedankenformen

Unsere Gedanken haben eine ungeheure Macht. Ihre starke Schwingung kann sowohl positiv wirken, was sich zum Beispiel in ermutigenden und aufmunternden Worten bemerkbar macht, aber auch negativ aufgeladen sein, was wir gut bei geäußerten Vorurteilen oder anderen verletzenden Worten beobachten können.

Negative Gedankenformen, mit denen wir uns innerlich identifizieren, können zum einen aus dem sogenannten Vertrautheitsgedächtnis stammen. Das heißt, sie sind uns in unserer jetzigen Inkarnation wiederholt begegnet und haben sich sozusagen in uns »eingenistet«. Betrachten wir zum Beispiel den ungeheuren Druck, den ein Fußballspieler bei einem Elfmeter in einem wichtigen Spiel aushalten muss. Dieses Gefühl kann einerseits durch den äußeren Erfolgsdruck, den die Mannschaftskameraden oder die Fans ausüben, entstehen. Andererseits kann es aber auch durch ein negatives Selbstbild, das vielleicht durch einen stets kritisierenden Vater hervorgerufen wurde, entstanden sein. Der immer wieder gehörte Satz des Vaters »Du bringst es ohnehin zu nichts!« ist im Moment des Elfmeterschusses unbewusst im Energiefeld des Fußballspielers gegenwärtig und macht eine Sache, die diesem eigentlich leichtfallen müsste, zu einer echten Tortur.

Solche Gedankenformen sind also das genaue Gegenteil von positivem Denken! Bei diesen Blockaden, die unserem Vertrautheitsgedächtnis entstammen, können wir selbst tätig werden und energetisch arbeiten, um sie aufzulösen. Ich werde dazu in den weiteren Kapiteln mehr sagen und auch Übungen vorstellen, die zu diesem Zweck geeignet sind.

Negative Gedankenformen können zum anderen aber auch aus unserem schattenhaften Unterbewusstsein stammen, dem Aspekt unserer selbst, der aus Erfahrungen vergangener Inkarnationen gespeist wird. Hier herrührende Gedankenformen sitzen sozusagen tiefer in uns fest – und sie sind auch tiefer verborgen, sodass wir selbst keinen Zugang zu ihnen finden können. Hier ist die Hilfe eines Schamanen angezeigt, der sich auf eine andere Wirklichkeitsebene begeben kann, um dort entsprechende Blockaden aufzulösen.

Bei all diesen starken Energien sollte man sich bewusst sein, dass sie eine energetische Verbindung aus der feinstofflichen Welt in unseren Körper herein haben. Aus diesem Grund sind sie in der Lage, körperlich auf uns einzuwirken. Jeder Arzt kennt psychosomatische Krankheitsbilder, bei denen negative Gedanken, Blockaden und Ängste auf die physische Ebene wirken und Beschwerden verursachen. Es sind dann körperliche Symptome aufzufinden, für die es keine erklärbare körperliche Ursache gibt. Die seelischen Schwierigkeiten machen in diesem Fall den Körper krank.

In der seelenschamanischen Arbeit versuchen wir, diese Energien – egal, woher sie kommen, und egal, wie mächtig sie sind – so umzuwandeln, dass sie keinerlei Hindernis auf unserem Weg der Erfüllung unseres Seelenplans mehr darstellen.

Schauen wir uns nun zunächst die einzelnen Energien, ihre Entstehung und die entsprechenden seelischen Hintergründe an.

Flüche

Für einen Fluch brauchen wir keinen Schwarzmagier, der in seinem stillen Kämmerlein Gifte braut und dabei satanische Verse murmelt. Der hier verwendete Begriff von Flüchen ist einerseits viel weiter gefasst und andererseits viel alltäglicher. Flüche verstehe ich nicht als Formeln und Rituale, mit denen jemand bewusst anderen Menschen schaden will, sondern als Energien, die unachtsam mittels unserer Gedanken in die Welt geschickt werden.

Gedankenformen wie die im Beispiel des Fußballers und seines überkritischen Vaters bezeichne ich als Flüche. Du siehst also, dass es hier nicht um ein mystisch-magisches Horrorszenario geht, sondern um ganz alltägliche Dinge, denen jeder von uns ausgesetzt ist.

Wir können unterscheiden zwischen Energien, die andere gegen uns richten, Energien, die wir gegen uns selbst richten, und Energien, die wir gegen andere richten, die sich jedoch umkehren und uns wieder selbst treffen.

Tagtäglich senden und empfangen wir in diesem Sinne Energien, tagtäglich haften sich Energien an unsere Aura und beeinflussen von dort unser Unterbewusstsein. Wenn man bedenkt, dass wir zu 95 Prozent aus dem Unterbewusstsein gesteuert werden, kann man sich selbst ausmalen, welche Auswirkungen solche Energien auf unser Leben haben können.

Wären wir immer in unserer Mitte, würde das Prana immer ungehindert durch uns hindurchfließen. Dann wäre auch unsere Aura mehr oder weniger immun gegen solche Energien. Leider werden wir in unserem Leben aber sehr früh und durch sehr viele Einflüsse wie mangelnde Erdung, Schuldzuweisungen, Bewegungsmangel, ein permanentes Mediengewitter, schlechte Ernährung etc. aus unserem inneren Gleichgewicht gebracht. Unsere Aura wird, bildlich gesprochen, zu einem Sieb, und anstatt uns vor solchen Energien zu schützen, macht sie es ihnen leicht, in sie einzudringen.

Man kann diese Energien jedoch relativ leicht entfernen und sollte dies auch regelmäßig tun, auch wenn man noch keinen großen Einfluss durch sie spürt. Man kann sich solche Flüche wie Vogelkot auf dem Auto vorstellen: Es ist nur eine oberflächliche Verunreinigung, die nicht weiter schlimm ist, wenn man sofort etwas dagegen unternimmt. Wartet man aber sehr lange, weil man kein Interesse an der Pflege seines Fahrzeugs hat, frisst sich der Vogelkot immer weiter in den Lack und zerstört ihn schließlich partiell.

Eine regelmäßige Reinigung unseres Energiesystems ist für unsere seelische Verfassung also sinnvoll.

Schauen wir uns nun ein paar Formen von Flüchen an!

Urteile

Urteile und die aus ihnen folgenden Verurteilungen sind Flüche, die wir anderen und uns selbst anheften. Wir sehen einen Menschen auf der Straße, an dem uns irgendetwas missfällt: Seine Kleidung ist schmutzig, er wirkt betrunken, er spricht zu laut, er wirkt aggressiv oder erfüllt in irgendeiner anderen Weise nicht unsere Erwartungen, die wir unbewusst auf die ganze Welt projizieren. Wir kennen jedoch nicht die ganze Geschichte, die im Hintergrund dieses Menschen steht. Wir wissen nicht, was ihm zugestoßen ist, und bewerten ihn ohne wirkliche Kenntnis seiner Person. Wertungen führen zu Urteilen, diese wiederum führen zu verabsolutierten Verurteilungen, aus denen es für die andere Person kein Entrinnen gibt. Unser Geist hat eine Schublade geöffnet, den Menschen dort hineingesteckt und die Schublade geschlossen. Seien wir ehrlich, so verhalten wir alle uns viel zu häufig …

Solch ein Urteil, das wir über eine andere Person fällen, wirkt wie ein Fluch. Die Energie, die wir mit einem solchen Denken freisetzen, heftet sich an die Aura des anderen und beeinflusst ihn negativ. Zu den Problemen, die er vielleicht schon hat, kommt nun noch diese Energie hinzu. Anstatt Mitgefühl zu schenken, schwingen wir die moralische Keule und sind damit Teil des Problems und nicht Teil der Lösung.

Und genauso, wie wir Urteile über andere fällen, ohne wirklich darüber nachzudenken, fällen andere auch Urteile über uns, deren Energie wiederum an uns haftet. So kann man sich einen Großteil unserer gesellschaftlichen Probleme energetisch erklären. Da das Phänomen des Urteilens so weit verbreitet ist, möchte ich an dieser Stelle eine grundsätzliche Übung vorschlagen, die du machen kannst, um dir diese Tendenz bewusst zu machen und langsam aber sicher aufzulösen.

Übung 2:
Die ganze Geschichte sehen

Wenn du das nächste Mal in irgendeiner Weise mit für dich schwierigen Menschen in Kontakt kommst, versuche bitte, den selbst laufenden Gedanken zuvorzukommen. Halte den Strom der Gedanken an, signalisiere dir selbst ein Stopp! Versuche nun, den Menschen aus der aktuellen Situation zu lösen und seine ganze Geschichte zu sehen. Wenn zum Beispiel eine Kassiererin unfreundlich zu dir ist, reduziere sie nicht auf ihre Rolle als Kassiererin, sondern sieh sie als ganzen Menschen, und stelle dir selbst mitfühlende Fragen. Wie war wohl ihr Tag bisher? Wie viele ungeduldige Kunden musste sie heute schon bedienen? Wie hat sie letzte Nacht geschlafen? Hat sie vielleicht ein krankes Kind zu Hause, das sie die ganze Nacht wach gehalten hat? Hat sie vielleicht heute Morgen festgestellt, dass das Geld auch diesen Monat nicht reichen wird? Hat ihr Chef ihr heute Überstunden aufgebrummt?

Dir fallen sicher noch viele weitere Fragen ein, wenn du darüber nachdenkst, wie dein Leben aussieht und wie somit vielleicht auch das Leben dieser anderen Person aussehen könnte. Mache dir bewusst, dass es für jedes Verhalten immer Gründe gibt, von denen viele unser Mitgefühl erfordern. Mache dir bewusst, dass wir alle oft mit unserem Alltag kämpfen müssen. Halte dein Herz für die ganze Geschichte der Menschen in deiner Umgebung offen.

Je öfter du diese Übung machst, desto mehr wirst du feststellen, dass deine Tendenz zum Urteilen schwächer wird.

Diese Übung klingt einfach. Der Knackpunkt ist jedoch, den eigenen automatisierten Gedanken zuvorzukommen und das Herz offen zu halten. Hier kann auch die energetische Arbeit mit den Chakren hilfreich sein. Je offener dein Herzchakra ist, desto leichter kannst du annehmen und andere mit Mitgefühl betrachten.

Schwüre

Wenn dir in deinem Leben schlimme Dinge von anderen Menschen widerfahren sind, hast du dich vielleicht einmal zu einem Racheschwur hinreißen lassen. Gerade in unserer Jugend, wenn wir noch aufbrausender und gefühlsbetonter sind, sprechen wir oft unachtsam etwas aus, was eine Unmenge an negativer Energie in sich trägt. Natürlich ist solch ein Racheschwur besonders schlimm, wenn wir ihn wirklich in die Tat umsetzen, aber auch der reine Gedanke oder das ausgesprochene Wort wirken wie ein Fluch. Diese Gedankenform setzt sich in die Aura desjenigen, dem wir Rache geschworen haben, aber ebenso in unsere eigene Aura. Lösen wir diese Energie nicht auf, wird sie uns immer unbewusst beschäftigen. Wir lassen dann nicht von dieser anderen Person los und ebenso wenig von dem Leid, das uns widerfahren ist. Unbewusst kreisen wir immer weiter um das Thema und die Person – und Heilung wird so immer unmöglich bleiben. Manchmal verkrampfen wir uns dann so, dass wir völlig ruhelos werden und sich sogar ernsthafte körperliche Krankheiten manifestieren. Man kann sich das so vorstellen, als würde sich die gestaute Energie des ständigen negativen Kreisens der Gedanken einen Fluchtweg suchen. Irgendwo im Körper macht sie sich dann bemerkbar, meist auf recht unangenehme Weise. Dieses körperliche Leiden signalisiert dir dann auf höchst dringliche Weise, dass du dich um deine seelischen Verletzungen kümmern solltest.

Flüche dieser Art müssen nicht immer so extreme Formen wie den eines Racheschwurs annehmen, bei dem man der anderen Person ernsthaft Schlechtes wünscht. Die Weigerung zu verzeihen reicht manchmal schon aus, um solche negativen Energien in die Welt zu setzen.

Wir werden im Kapitel zur Reinigung unseres Energiesystems und zum Schutz vor negativen Energien noch einige Übungen kennenlernen, die uns energetisch von Flüchen allerlei Arten befreien können.

Da meine Form des Seelenschamanismus jedoch auch immer einen persönlichen Reifeprozess im Auge hat, möchte ich hier noch eine Übung vorstellen, die dazu dient, innerlich zu wachsen.

Übung 3:
Vergebungsritual

Setze dich bequem und aufrecht hin. Schließe deine Augen, und fokussiere dich auf dein Herzchakra. Atme in deinen Brustbereich hinein, und stelle dir bei jedem Atemzug vor, wie eine Kugel aus goldenem Licht in deinem Herzchakra wächst. Mit jedem Atemzug wird sie größer und größer. Spüre, wie sie sich ausdehnt und ihr Licht dich nach und nach ganz erfüllt. Bade in diesem goldenen Licht. Entspanne dich ein paar Minuten in diesem Leuchten.

Nun denke an eine Person, die dir in der Vergangenheit Schwierigkeiten bereitet hat. Halte dabei weiterhin das innere Leuchten der goldenen Kugel präsent. Stelle dir vor, wie die betreffende Person dir gegenübersitzt. Führe nun deine Hände wie eine offene Schale zu deiner Brust (du kannst das nur in Gedanken oder wirklich physisch machen), umfasse leicht die goldene Kugel und überreiche sie langsam deinem Gegenüber. Schenke ihm dieses innere Strahlen, und sage dabei: »Danke, dass ich das erleben durfte. Danke, dass ich diese Verletzungen erfahren durfte. Ich segne dich.« Mache das ein paar Mal, entweder nur in Gedanken oder leise sprechend, so lange, wie es sich gut für dich anfühlt.

Atme dann dreimal kraft- und geräuschvoll durch den Mund aus, und öffne deine Augen.

(Du kannst dieses kleine Ritual auch für dich selbst machen. Dazu schenkst du die goldene Energie nicht weg, sondern legst deine Hände vor dein Herzchakra, atmest weiter in diese Energie hinein und richtest die vergebenden Worte an dich selbst.)

Diese Übung kannst du immer wieder ausführen. Du wirst sehen, wie sie dir mit der Zeit immer leichter fallen wird und wie sie innerliche Knoten löst. Wie negative Energien deiner Gedanken an dir haften und dich beeinflussen können, so haben auch diese positiven Gedanken eine Wirkung auf dich und setzen der negativen Energie etwas entgegen.

Bitte sei dir bei diesem Ritual bewusst, dass Vergebung nicht bedeutet, dass du dir in Zukunft alles von dieser Person gefallen lassen musst. Vergebung findet hier auf der seelischen Ebene statt. Was die körperliche Ebene betrifft, ist es manchmal gut, dich Personen, die dazu neigen, deine Grenzen zu überschreiten, zu entziehen. Wie der buddhistische

Lehrer Stephen Levine einmal sagte: »Du kannst Menschen verzeihen, musst sie deshalb aber nicht unbedingt in dein Haus lassen.«

Verzeihe und lasse los, aber wertschätze deine eigenen Grenzen.

Versprechen

Hast du schon einmal ein Versprechen gebrochen? Hast du in deiner Kindheit vielleicht einmal jemanden verpetzt, dem du versprochen hattest, das niemals zu tun? Wenn solch ein Beispiel auch banal klingen mag, können dadurch dennoch negative Energien an dir haften geblieben sein, wenn du dir selbst starke Selbstvorwürfe gemacht hast. Vielleicht hast du gedacht: »Ich bin ein mieser Verräter!«, oder: »Auf mich kann man sich nicht verlassen!«

Solche Sätze – ob von uns oder von anderen ausgesprochen – können tief in unserem Energiesystem hängen bleiben. Schuldgefühle können dich ein Leben lang begleiten. Und sie sind keine angenehme Begleitung, so viel ist sicher. Inneren Frieden findet man mit ihnen nicht.

Ein Versprechen solltest du dir deshalb genau überlegen. Wenn du Versprechen gibst, die du nicht halten kannst, werden daraus Energien entstehen, die einen negativen Einfluss auf dich haben. Da ist es manchmal besser, ganz ehrlich zu sich selbst zu sein und zu sagen: »Ich werde es versuchen!«

Eide und Gelöbnisse

Ein Eid oder ein Gelöbnis dient der persönlichen Bekräftigung einer Aussage und verpflichtet zur Wahrheit und zum Tragen aller Konsequenzen. Auch in unserer heutigen Zeit sind solche Eide oder Gelöbnisse noch gang und gäbe.

Sie sind sozusagen Energieverstärker, und als solche können sie bei Bruch auch negativ wirken, da sie dann eine Schuld suggerieren. Sollten wir einen ausgesprochenen Eid nicht halten oder ihn brechen, wird diese Energie in unserem Energiefeld abgespeichert, wo sie uns beschwert und in unserem Leben behindert.

Man bezeichnet einen Eid auch als bedingte Selbstverfluchung, da man dabei oft ein Geistwesen oder eine Gottheit als Zeugen bzw. Helfer anruft, manchmal sogar als eigens »bestellten« Rächer bei Nichterfüllung des Eides. In einem Eid oder Gelöbnis ist dadurch oft von vornherein Angst impliziert.

Eide und Gelöbnisse werden in allen Kulturen abgelegt, unabhängig von der jeweiligen Religion oder dem Glaube der Kultur.

Eide und Gelöbnisse können dich seelisch sehr stark belasten und in deiner weiteren Entwicklung – ob privat oder beruflich – dermaßen blockieren, dass du unter Umständen körperlich oder psychisch krank wirst. Mit rituell verstärkten Versprechen geht immer ein besonders hoher Druck einher.

Selbst ein Eid, den du in einem früheren Leben abgelegt hast, kann wie ein Fluch im Energiefeld sitzen und dich daran hindern, deinen Weg zu gehen. Überlege nur einmal, dass Millionen von Seelen in ihren früheren Inkarnationen einen Fahneneid abgelegt haben. Solche Dinge sitzen tief in uns fest.

Besetzungen

Von einer Besetzung spricht man dann, wenn Fremdenergien mehr und mehr Besitz von einem Menschen ergreifen, ihn immer stärker steuern, sodass er sein Leben letztlich gar nicht mehr selbst führt, sondern von Energien manipuliert wird, über die er keine Kontrolle hat. Das Opfer solch einer Besetzung lebt dann in manchen Aspekten seines Alltags nicht wirklich selbst, sondern *wird vielmehr gelebt.*

Solche Besetzungen entstehen durch Seelen, die nicht ins Licht gegangen, sondern in der Mittleren Welt gestrandet sind. (Der Schamanismus unterscheidet drei Welten: die Obere, die Mittlere und die Untere Welt. In der Oberen Welt finden wir unsere geistigen Lehrer. In der Mittleren sind dagegen oft umherirrende Seelen beheimatet, die den Weg ins Licht nicht finden oder nicht finden wollen. In der Unteren Welt können wir mit unseren Tierverbündeten kommunizieren und unsere verlorenen Seelenanteile wiederentdecken. Diese Untere Welt sollte jedoch nur in Begleitung des sogenannten »Hüters der Schwelle« betreten werden. Das kann ein Krafttier sein, ein Geistführer, ein Schutzengel oder auch eine andere Energieform.)

Diese hängen gebliebenen Seelen sind oft getriebene Wesen, die ihre Süchte, die sie zu Lebzeiten kultiviert hatten, weiterhin ausleben wollen. Hierzu benötigen sie allerdings eine körperliche Form, das heißt, sie brauchen einen lebenden Menschen.

Wichtige Hinweise auf eine Besetzung können zum Beispiel plötzlich auftretende kurze oder langfristige Persönlichkeitsveränderungen sein, aber auch jähe Unzufriedenheit, Wutanfälle oder ein rapides Abfallen des Energieniveaus, begleitet von verzweifelt wirkenden Aussagen wie »Ich kann nicht mehr, ich schaffe das einfach alles nicht mehr …«, die dieser Mensch zuvor noch nie von sich gegeben hat.

Stimmungsschwankungen, Persönlichkeitsveränderungen, bei denen man den Eindruck hat, die Person sei nicht mehr Herr ihrer selbst, plötzlich einsetzende Süchte oder Verhaltensveränderungen nach traumatischen Ereignissen wie einer Operation oder einem Unfall können ebenfalls auf eine Besetzung hindeuten. Wenn eine Person glaubhaft versichert, dass sie etwas gegen ihren eigenen Willen tut oder getan hat, sollten wir ebenfalls hellhörig werden. Auch Misserfolge in Therapien sollte man genau unter die Lupe nehmen – oft sind es Fremdenergien, die hier einen Fortschritt verhindern.

Ich unterscheide zwischen Besetzungen von außen und Eigenbesetzungen. Beide Varianten möchte ich im Folgenden inklusive ihrer seelischen Hintergründe beschreiben.

Besetzungen von außen

Besetzungen wirken zwar von außen auf uns ein, doch kann dies nur geschehen, wenn wir nicht in unserer Mitte sind, von einer Krankheit gebeutelt werden oder unachtsam mit uns selbst umgehen und die eigene Impulskontrolle völlig vernachlässigen, also in unserem Leben jedem Reiz und allen Gelüsten nachgeben, ohne sie zu hinterfragen.

Hierbei greift das Resonanzprinzip, nach dem Gleiches sich gegenseitig anzieht: Zum Beispiel wird bei Menschen, bei denen eine latente Spielsucht vorliegt, diese durch eine entsprechende Besetzung immer schlimmer und entgleitet gänzlich der Kontrolle. Die umherirrende Seele aus der Mittleren Welt will ihre Spielsucht ausleben und sucht sich dafür einen Menschen, der ohnehin schon in abgeschwächter Form zu dieser Sucht neigt, diese aber bislang unter Kontrolle hatte. Solch ein Mensch ist von sich aus offen für die negativen Energien der Besetzung. Unbewusster Schmerz, negative Selbsturteile und entsprechende Gedankenformen, an denen nicht gearbeitet wird, ziehen die umherirrende Seele an und machen den Menschen zu einem »lohnenden Objekt«.

Wenn ein Mensch also unter einer Besetzung leidet, hat diese ihn nicht aus heiterem Himmel befallen, und er kann sich auch nicht von jeglicher Verantwortung für das Geschehen freisprechen. Er selbst hat mit seinem eigenen Verhalten die Besetzung angezogen, die wiederum latent vorhandene Strukturen verstärkt hat, um ihre eigenen Bedürfnisse ausleben zu können.

Verstehe mich bitte nicht falsch: Hier geht es überhaupt nicht um eine Schuldfrage. Die latenten Strukturen haben ihre Ursache in Erlebnissen, die unser volles Mitgefühl verdienen. Lasse mich dir das – stark vereinfacht – am Beispiel Alkoholismus verdeutlichen:

Wenn ein Mensch übermäßig dem Alkohol zuspricht, ist der seelische Hintergrund meist in der Kindheit aufzufinden. Wird in den ersten sieben Lebensjahren die Seele nicht wahrgenommen, nicht beachtet oder gar missachtet, versucht sie, sich das Verhalten der Umwelt – der Eltern, der Geschwister und vielleicht auch anderer Verwandter oder Lehrer – selbst zu erklären. Diese Erklärung läuft meist darauf hinaus, dass angenommen wird, man sei nicht liebenswert oder irgendetwas stimme nicht mit einem selbst: »Wenn mich meine Eltern nicht lieben, dann ist irgendetwas mit mir oder an mir falsch.« Die Seele wird so immer mehr verletzt, zieht sich in ein inneres Schneckenhaus zurück und hält sich selbst für wertlos. Dass das Selbstbewusstsein dieses Menschen sich nicht gesund entwickeln kann, dürfte klar sein. Der Schamane bezeichnet dieses Muster als Liebesentzug in der Kindheit und Missachtung der Seele.

Nun versucht dieser Mensch, in der Welt zurechtzukommen, so wie wir es alle versuchen. Eine gewisse Zeit lang funktioniert das vielleicht ganz gut, doch gesellschaftlicher Druck, Stress am Arbeitsplatz oder in der Beziehung lassen immer schlechtere Gefühle auftauchen. Das grundlegende Selbstbild, das sich in den ersten Lebensjahren bildete, trifft immer absolutere Aussagen: »Ich tauge wirklich zu gar nichts. Ich bringe es zu nichts in meinem Job. Meine Eltern konnten mich schon nicht lieben, und mein Partner kann es auch nicht. Kein Wunder, ich bin ja auch ein Versager auf ganzer Linie …« Niemand möchte solche Gedanken und Gefühle haben, und manche Menschen entdecken irgendwann, dass solche Gefühle mit dem Genuss von Alkohol schwächer werden, ja, mit einem stärkeren Rausch manchmal nahezu verschwinden. Natürlich folgen unweigerlich der Katzenjammer und neue Schuldgefühle, die dann wiederum mit mehr Alkohol betäubt werden.

Nun erkennt eine Fremdenergie, die in der Mittleren Welt verhaftet ist, dass sie ihre eigenen Süchte durch diese Person ausleben kann. Sie ist körperlos und braucht ein Medium, um zu agieren. Die Aura des Menschen, der ohnehin schon ein angeknackstes Selbstbewusstsein hat und dem Alkohol in höherem Maße zugeneigt ist, als ihm guttut, stellt für diese Fremdenergie ein geeignetes Opfer dar. Hier ist jemand, dem man nur noch einen leichten Schubs in die falsche Richtung geben muss, um den eigenen Süchten weiter frönen zu können. Die Fremdenergie klammert sich an die Aura dieses Menschen, nimmt Einfluss auf sein Energiesystem und drängt ihn über sein Unterbewusstsein immer weiter zum Alkohol: »Trink noch etwas. Das tut dir gut. Danach fühlst du dich besser. Wenn du betrunken bist, mögen dich die Leute mehr, weil du viel lockerer und witziger bist …«

Vor der Besetzung war es schon nicht leicht, vom Alkohol zu lassen. Mit der Energie der Besetzung, die immer weiter in die Sucht drängt, ist es ungeheuer schwer, aus dem Teufelskreis auszusteigen, denn sie ist natürlich nicht bereit, diesen Menschen, mit dessen »Hilfe« sie die eigene Sucht weiter ausleben kann, zu verlassen.

Dieses traurige Modell kann man in groben Zügen auf alle Formen der Sucht übertragen. Das Energiefeld des Menschen ist dann mit einem Meer bei Windstärke 12 vergleichbar: Es ist aufgewühlt, unruhig, mit hohen Wellenkämmen und tiefen Wellentälern. Besetzungen sind wie Piraten, grobe Gestalten, die den Sturm lieben und es mögen, wenn es dramatisch auf und ab geht und sie richtig durchgeschüttelt werden. Hier können sie ihr eigenes Leiden und ihren eigenen Schmerz ausagieren und verstärken so den bereits vorhandenen Schmerz des Besetzten.

Aber nicht nur eine eigene latente Suchtstruktur, negative Selbsturteile, Selbsthass etc. machen uns anfällig für diese negativen Energien. Auch eine schwere Krankheit, die in eine Bewusstlosigkeit führt, oder eine Operation mit Vollnarkose öffnen unser Energiefeld für Besetzungen. Und wenn zur Nachsorge starke Schmerzmedikamente verabreicht werden, kann das ebenfalls Energien anziehen, die ihre Sucht auf uns übertragen. Narkotika, Drogen und Suchtmittel jeder Art bringen uns aus unserer Mitte und machen uns offen für Besetzungen, die sich in das geschwächte Energiefeld »einnisten«.

Es gibt auch Besetzungen durch einen verstorbenen Partner. Krankhaft eifersüchtige Menschen können auch nach ihrem Tod manchmal nicht von ihrem Leiden lassen und energetisch so stark mit ihrem noch lebenden Partner verbunden sein, dass sie ihn weiterhin beeinflussen. Eine erneute Partnerschaft oder auch ein glückliches Weiterleben ohne Partner kann durch solch eine Besetzung unmöglich werden, weil pausenlos Schuldgefühle durch den Einfluss des Verstorbenen suggeriert werden.

Eigenbesetzungen

Eigenbesetzungen sind Energien in deinem Feld, deren Ursachen in einer deiner früheren Inkarnationen zu finden sind. Ohne dass du persönlich darauf einwirken kannst, steuert dich dein schattenhaftes Unterbewusstsein, das von Erfahrungen aus früheren Leben besetzt ist.

Starke Ängste, für die es in deinem jetzigen Leben keinen wirklichen Grund zu geben scheint, sind häufig ein Hinweis auf solch eine Form der Besetzung. Vielleicht wurdest du in einem früheren Leben verfolgt und mit dem Tod bedroht, und diese Erfahrung hat sich als Energie so sehr in dein schattenhaftes

Unterbewusstsein festgesetzt, dass sie in deinem jetzigen Leben immer wieder an die Oberfläche drängt. Es können aber auch weniger dramatische Dinge wie nicht geweinte Tränen oder nicht gelebte Gefühle aus früheren Leben sein, die du jetzt ausagierst und gar nicht weißt, woher diese Emotionen stammen.

Implantate

Der Ort, von dem wir ursprünglich stammen, besitzt keine Zeit und keinen Raum. Unsere Seelen erfahren diese Qualitäten erst, wenn sie hier auf der Erde inkarnieren. Plötzlich finden wir uns in einer Welt wieder, in der es Körper gibt, die von Raum umgeben sind und von diesem begrenzt scheinen. Ebenso erleben wir Zeit als linear, von einem Punkt – der Geburt – bis zu einem anderen Punkt – dem Tod – reichend. Mit unserer Inkarnation wird Vergänglichkeit zu einer scheinbar realen Erfahrung.

Der hauptsächliche Grund, aus dem wir überhaupt inkarnieren, ist jedoch unser Wunsch, Berührung auf körperlicher, geistiger und seelischer Ebene zu erfahren. Der Schamane nennt dies auch den Seelenplan.

Damit wir in dieser physischen Welt nicht übermütig werden, haben wir in unserer geistigen Heimat sogenannte Schutzimplantate eingesetzt bekommen, die uns einen gewissen Respekt vor den Gefahren der natürlichen Umwelt vermitteln. Diese Implantate sollen keine Angst vor der uns umgebenden Welt erzeugen, sondern uns nur warnen, dass gewisse Handlungen für unser körperliches Bestehen gefährlich sein können. Ohne solche Schutzimplantate würden wir uns vielleicht vor einen heranrasenden ICE stellen, nur um auszuprobieren, wie sich das anfühlt, überrollt zu werden – es wäre nur eine weitere Erfahrung, auf die wir schlicht neugierig sind.

Schutzimplantate dienen also der Sicherung unserer körperlichen Existenz, die wir brauchen, wenn wir unsere ursprüngliche Absicht, Berührung zu erfahren, umsetzen möchten. Sie sind Energieformen, die uns in dieser Inkarnation durch kodierte Informationen auf dem Weg der Selbstentfaltung begleiten.

Nach den ersten sieben Lebensjahren werden die aktiven Implantate in der Regel passiv. Das heißt, bis zu diesem Alter haben wir meist gelernt, dass wir uns an Feuer sowohl wärmen als auch verbrennen können. Wir haben Schmerz erfahren und ihn als unangenehm kennengelernt. Damit haben wir eine natürliche Vermeidungsstrategie entwickelt, die sich dann mit zunehmendem Alter weiter verfeinert und uns auf unserem weiteren Lebensweg vor Gefahren bewahrt. Die Implantate werden dann nicht mehr benötigt und stellen sozusagen ihren Betrieb ein.

Durch manche Schockerlebnisse in der Kindheit können diese Implantate jedoch aktiv bleiben, weil sich die Gedankenformen des durch das Trauma beeinflussten Menschen verselbstständigen, und aus gesundem Respekt vor reellen Gefahren wird irrationale Angst vor imaginären Gefahren. Einfach ausgedrückt, sorgt ein entsprechender Schock dafür, dass manche Implantate ihre Arbeit nicht einstellen, sondern im Gegenteil ihre Aufgabe allzu ernst nehmen und ihre Beschützerrolle »übertreiben«. Man assoziiert dann einen bestimmten Aspekt eines Erlebnisses (z. B. Geschwindigkeit bei einem überstandenen Autounfall) generell mit Gefahr und entwickelt eine Angststörung, die einen am Leben hindern kann. Das Implantat reagiert zukünftig bei jeder höheren Geschwindigkeit mit extremen Warnungen, die der Seele eine Bedrohung ihrer Existenz vorgaukeln. Geschwindigkeit wird vom Implantat stets mit Schmerz oder drohender Auslöschung verbunden, woraus unkontrollierbare Angst entsteht. Und dann hat man schon bei Tempo 90 auf der Autobahn Angstschweiß im Gesicht …

Neben starken Ängsten ist meist auch ein mangelndes Selbstwertgefühl die Folge eines aktiv bleibenden Implantats. Das kann wiederum zu physischen Problemen führen.

Als Schamane ist es eine meiner Aufgaben, solche aktiv gebliebenen Implantate zu entfernen. Passiv gewordene Implantate braucht man nicht weiter zu beachten, sie haben ihre Funktion erfüllt und sind wohlverdient in Pension gegangen. Ein Implantat jedoch, das aus seiner Rolle des sinnvollen Beschützers unserer jüngsten Jahre zum größenwahnsinnigen Herrscher unseres Lebens mutiert, sollte von einem kundigen Schamanen entfernt werden, damit das Leben angstfreier und somit leichter wird.

Der Schamane begibt sich dann in Trance in die geistige Welt, wo er mit den geistigen Wesen verhandelt, um ihre Unterstützung bittet und mit ihrer Zustimmung das Implantat im Energiefeld auflöst. Das ist leider eine Arbeit, die man nicht so einfach selbst machen kann – hier braucht man wirklich die Hilfe eines erfahrenen Reisenden in die andere Welt, sprich eines Schamanen.

Ist das Implantat aufgelöst, wird der Mensch wieder freier in seinem Wirken, er wird meist freundlicher und offener. Auch die sensitive Wahrnehmung feinstofflicher Energien wird stärker. Der Blick auf das eigene Leben und die Welt wird klarer, die Schritte in dieser Welt werden sicherer.

Elementale

In den letzten Jahren kommt immer mehr spirituelle Literatur auf den Markt, die uns erklärt, dass wir die Mitschöpfer unseres Lebens sind. Vielen Menschen wird die Macht ihrer eigenen Gedanken immer bewusster – und wenn du die Übungen in meinen anderen Büchern und in diesem gemacht hast, wirst du wahrscheinlich auch schon am eigenen Leib erlebt haben, wie unsere Gedanken unsere feinstofflichen Energien beeinflussen, die wiederum kraftvolle Auswirkungen auf unseren Körper haben können.

An den Elementalen, mit denen wir uns in diesem Kapitel beschäftigen wollen, wird nun diese Kraft der Gedanken noch einmal ganz deutlich, denn Elementale sind im wahrsten Sinne des Wortes Schöpfungen unseres Geistes.

Elementale sind Energiewesen, die von unseren Gedanken und Gefühlen in die Welt gebracht werden. Sie entstehen aus unseren starken Wünschen, aus unserem ungezügelten Verlangen, und entwickeln dann ihr eigenes Leben wie jedes andere Lebewesen auch. Sie sind also lebendige Energiewesen mit einer eigenen Existenz, die nach ihrer Schöpfung unabhängig von der sie ursprünglich erschaffenden Energie sind.

Durch unsere Gedanken und Gefühle senden wir Schwingungen aus, die sich zu Elementalen verdichten können. Typ und Stärke des Elementals entsprechen der Qualität der von uns gesendeten Botschaft.

Generell unterscheiden wir zwischen Elementalen aus Gedankenwünschen und Elementalen aus Wunschgedanken. Um sich den Unterschied zu merken, kannst du dir eine ganz leichte Eselsbrücke bauen: Bei den Gedankenwünschen kommt zuerst der Gedanke und dann der Wunsch, bei den Wunschgedanken ist es genau andersherum.

Elementale aus Gedankenwünschen

Hier kommt, wie gesagt, erst der Gedanke, dann der Wunsch. Wir stellen uns Tag für Tag in unseren Gedanken Dinge vor, die wir gern besäßen. Diese Dinge können sowohl materiell wie immateriell sein. Unsere Gedankenwünsche können sich auf Häuser, Autos, Rennpferde und einen eigenen Golfplatz oder auch auf körperliche Stärke, Mut und Einfluss beziehen. Es sind Wünsche aus dieser Inkarnation, geweckt durch Verlangen, Gier und oft genug auch Neid. Ebenso können sie aber auch positiv motiviert sein und so auch positive Wirkungen entfalten. Ein großes Mitgefühl kann den Gedankenwunsch nach altruistischem Verhalten erzeugen, wir können uns wünschen, uns mehr um andere kümmern zu können. Wie auch immer diese Gedankenwünsche motiviert sind, sie entstammen unserem Vertrautheitsgedächtnis, der Erfahrung unseres täglichen Lebens.

Je stärker die Gedankenwünsche, desto stärker die Elementale, die wir schaffen. Elementale setzen alles daran, die Gedankenwünsche umzusetzen – und ihnen ist es völlig gleich, ob diese Ziele positiv oder negativ sind. Ihnen geht es um das Erreichen der Ziele, sodass sie uns einerseits unterstützen können, sich andererseits aber auch als unangenehme Gewohnheiten manifestieren können, die in ihren Augen schneller und einfacher ans Ziel führen.

Werden die Gedankenwünsche in diesem Leben auf gesunde Weise ausgelebt, gibt es mit ihnen auch keine großen Probleme. Wenn wir uns einen eigenen Golfplatz leisten können und uns dann nach dem Erwerb nicht verzweifelt nach einem zweiten sehnen, ist alles in Ordnung. Wenn wir die Möglichkeit haben, uns um andere zu kümmern, ihnen zu helfen und sie nach unseren besten Kräften zu unterstützen, ohne uns dabei selbst aufzugeben und gänzlich aufzureiben, ist das sicherlich eine gute Sache.

Werden solche Gedankenwünsche aus irgendeinem Grund aber nicht ausgelebt, weil es materielle oder gesellschaftliche Hindernisse gibt, weil wir

Angst haben, weil unser mangelndes Selbstbewusstsein uns im Weg steht und wir uns selbst sabotieren, dann können sie nach unserem Tod mit in die nächste Inkarnation genommen werden und dort Suchtcharakter entwickeln: Die Elementale klammern sich auch im nächsten Leben an uns und beeinflussen uns. Der Wunsch nach materiellem Besitz kann dann zur Gier nach immer mehr werden, das Mitgefühl in einen Helferkomplex umschlagen, und die Freude am Erfolg kann zur Arbeitssucht werden.

Auf diese Weise werden Gedankenwünsche in der nächsten Inkarnation zu Wunschgedanken, bei denen zuerst der unstillbare Wunsch oder Drang da ist und dann erst die Gedanken folgen und sich auf die Erfüllung dieser Wünsche richten.

Elementale aus Wunschgedanken

Hier kommt also erst der Wunsch (aus den vorherigen Inkarnationen), dann der Gedanke, der Mittel und Wege sucht, diesen Wunsch zu erfüllen. Hierbei steht die Person unter dem Einfluss der Emotionen aus dem schattenhaften Unterbewusstsein, die sie selbst kaum einordnen und auch nur sehr schwer bis gar nicht willentlich verändern kann. Solche Menschen sind oft Getriebene, völlig von ihren unbewussten Wünschen gesteuert, ihre Gedanken einzig auf das Erreichen ihrer vermeintlichen Ziele ausgerichtet, ohne eine Ahnung zu haben, woher diese kommen.

Diese Wunschgedanken bauen sich oft durch viele Inkarnationen hindurch auf und zeichnen sich dadurch aus, dass ihre Ziele unerreichbar bleiben und daher wieder mit in die nächste Inkarnation genommen werden, wo sie abermals stärker und verzweifelter werden. So kann sich zum Beispiel der Wunsch nach Kontrolle in der Familie nach und nach auf immer größere Menschengruppen beziehen, sich in vielen Inkarnationen zur absoluten Machtgier hochschaukeln, die letztlich nur noch die Weltherrschaft befriedigen kann. Dass solch ein Mensch zu andauerndem Unglück verurteilt ist, kann man sich leicht vorstellen.

Auch existenzielle Nöte, die sich verselbstständigen und losgekoppelt von ihren eigentlichen Beweggründen weiterexistieren, können von einer Inkarnation zur nächsten getragen werden. Wenn jemand in einer vergangenen Inkarnation vielleicht als Soldat hinter feindlichen Linien agieren musste, wird sein starker Überlebenswunsch unter Umständen dazu geführt haben, dass er selbst töten musste. Die dabei entstehenden Elementale, die nichts weiter als das

Überleben im Sinn haben, verknüpfen nun vielleicht Töten mit dem eigenen Überleben und führen auch in weiteren Inkarnationen dazu, dass dieser Mensch tötet und diese Erfahrung dann mit Freiheit assoziiert.

Diese Person schwingt dann einzig auf der Frequenz ihres schattenhaften Unterbewusstseins und ist nicht in der Lage, ihr eigenes Verhalten zu ändern.

Elementale sind also ähnlich wie Eigenbesetzungen, die ebenfalls Erfahrungen aus vergangenen Leben ausleben. Elementale sind jedoch emotional intensiver und schwerer aufzulösen, weil sie naturgemäß als eigenständige Wesen auch an ihrem eigenen Überleben interessiert sind.

Die Auflösung der Elementale erfolgt auf dem gleichen Weg wie die Auflösung der Implantate. Der Schamane bittet in der geistigen Welt um Beistand und löscht diese Energien aus dem Unterbewusstsein.

Magie

Im Seelenschamanismus, den ich praktiziere und lehre, ist Magie nicht immer mit schwarzer Magie gleichzusetzen. Wir haben oft falsche Vorstellungen davon, die eher durch schlechte Filme als durch die Realität geprägt sind. Meines Erachtens ist Magie einfach die Fokussierung des eigenen Willens durch ein Ritual, das als Energieverstärker fungiert. Bei richtiger Anwendung dieser Rituale, das heißt, wenn man die Energien mit konzentrierter Gedankenkraft richtig über das energetische Feld sendet oder dort mittels entsprechender Hilfsmittel platziert, kann diese Arbeit durchaus zur Lösung von Energieblockaden beitragen.

Im europäischen Raum wird Magie oft als etwas Verwerfliches dargestellt, was zum einen aus unserer christlichen Kultur und der ihr impliziten Angst vor Natur und naturreligiösen Praktiken stammt, andererseits natürlich auch durch wirkliches Fehlverhalten mancher magisch Arbeitender verursacht ist.

Man kann Magie vielleicht mit der Anwendung von Inhaltsstoffen mancher Pflanzen vergleichen: Diese können bleibende Schäden verursachen oder sogar zum Tod führen, gleichzeitig aber in wohldosierter Menge und richtig angewendet ein Heilmittel für alle möglichen Krankheiten sein. Der kluge und achtsame Umgang ist es, was hier entscheidet.

Wenn jemand Magie bewusst für niedere Zwecke auf dich anwendet (also schwarze Magie betreibt), hindert das den Fluss der Energie in deinem System, blockiert dich und kann sogar zu Krankheiten oder Unfällen führen. Die karmische Schuld, die jemand bei solch einem Verhalten auf sich lädt, sollte allerdings nicht unterschätzt werden. Es ist ein Naturgesetz, dass solche Dinge irgendwann zu einem zurückkehren.

Der Schamane besitzt die Fähigkeit, solche energetischen Angriffe zu erkennen und abzuwehren. Er ist auch in der Lage, durch bestimmte Rituale einen Schutz gegen negative Energien aufzubauen. Im Allgemeinen ist unsere Aura unser bester Schutz, worauf wir noch eingehen werden.

Bei richtiger Anwendung von Magie für gute Zwecke (also weiße Magie) können bestehende Blockaden aufgelöst werden, sodass dein Leben sich freier entfalten kann. In dieser Form ist Magie eine hilfreiche Form energetischen Arbeitens. Es gibt jedoch eine ganz entscheidende Einschränkung: Es gibt immer wieder Fälle, bei denen Menschen magisch arbeiten und dabei ungefragt Einfluss auf andere nehmen. Ob sie dies zu deren Wohl oder deren Schaden machen: Missbrauch ist es in beiden Fällen!

Jeder Mensch, der magisch arbeitet, braucht genauso wie jeder Schamane die Zustimmung desjenigen, auf den sich seine Arbeit richtet. Der Schamane benötigt zudem noch die Zustimmung der geistigen Welt, ohne die er nicht tätig werden darf. Auch Dinge, die wir ja nur »zu jemandes Bestem« tun, dürfen wir nicht einfach ungefragt ausführen. Selbst wenn es verlockend erscheint, Gutes zu tun: Wir haben nicht den Überblick über das gesamte Geschehen, über das vollständige Bild. Ohne expliziten Auftrag darf keine Sitzung stattfinden, weder magischer noch schamanischer Art! Hier gilt als oberstes Gebot unserer Arbeit die Achtsamkeit! Es gibt Menschen, die diese Dinge nicht beachten und damit mehr Schaden anrichten als sie Gutes tun. Was sie tun, ist ein Eingriff in den Seelenplan.

Grundsätzlich besteht meiner Meinung nach beim magischen Arbeiten die Gefahr, dass man unachtsam Gedankenformen in die Welt setzt, ohne sich über die langfristigen Konsequenzen im Klaren zu sein. Diese Gedankenformen binden ihrerseits Energien an den magisch Arbeitenden, die negative Einflüsse auf diesen nehmen können. Man sollte hier wirklich sehr umsichtig vorgehen.

Eine weitere Gefahr besteht darin, dass man einer Illusion von Macht und Einflussnahme verfallen kann – eine Form der Gier, die zu nichts Gutem führt. Gerade beim magischen Arbeiten ist die regelmäßige Reinigung der Aura immens wichtig.

Entfernung von negativen Energien durch den Schamanen

Haben sich negative Energien an uns geheftet, die wir durch eigene Kraft nicht loswerden, weil sie tief im schattenhaften Unterbewusstsein verborgen sind, benötigen wir die Hilfe eines Schamanen.

Ich möchte dir hier kurz erklären, was ich in solchen Fällen tue, damit du ein genaueres Bild der seelenschamanischen Arbeit bekommst.

Nehmen wir an, du bist mit negativen Energien belastet und kommst zu mir, damit ich diese entferne. Ich setze mich dir dann in einem Abstand von ungefähr zwei Metern gegenüber und lege ein paar schwarze Turmaline zwischen uns. Diese werden traditionell zum Schutz vor negativen Energien verwendet. Du solltest barfuß sein, um eine gute Erdung zu ermöglichen, und keine weiteren Schutzsteine am Körper tragen. Natürlich solltest du auch kein Mobiltelefon oder andere elektronische Geräte bei dir haben.

Nun verbinde ich mich mit der geistigen Welt, frage dort, ob ich dir helfen darf, und richte mich, wenn ich die Zustimmung eingeholt habe, auf das Aufspüren von Flüchen aus. Meine geistige Ausrichtung ist ganz klar auf diesen »Scanvorgang« gerichtet. Nun sichte ich deine Aura von Kopf bis Fuß. Vorhandene Flüche stellen sich mir dabei als dunkle Flecken in der Aura dar. Leichte Flüche verschwinden meist von selbst, das heißt, der Prozess des Auffindens löst sie bereits auf. Stärkere Flüche greife ich und übergebe sie Mutter Erde, die genau weiß, was mit diesen Flüchen zu tun ist, um sie aufzulösen oder zu transformieren.

Dieses »Scannen« wiederhole ich drei bis vier Mal, bis ich mir ganz sicher bin, dass in deiner Aura keinerlei Flüche mehr festsitzen.

Dann beschäftige ich mich in gleicher Weise mit den Besetzungen. Wichtig ist immer die ganz klare geistige Ausrichtung, denn es zeigen sich immer die Energien, auf die ich ausgerichtet bin. Entdecke ich eine Besetzung (die sich, wie alle negativen Energien, als dunkler Fleck zeigt), greife ich nach ihr und führe sie mit viel Liebe in Form eines Lichtkegels nach oben in die geistige Welt. Liebe und Mitgefühl sind bei Besetzungen besonders wichtig, schließlich hat sich die Besetzung in deinem Energiefeld verankert, weil sie selbst leidet. Ich gehe hier ganz behutsam vor und schicke die Besetzung ins Licht.

Dann folgt ein »Scannen« nach aktiven Implantaten. Entdecke ich diese, werden sie Mutter Erde übergeben.

Bei den Elementalen suche ich zuerst nach den Gedankenwünschen, die dann in Mutter Erde entsorgt werden. Danach suche ich nach Wunschgedanken, die nach oben in die geistige Welt geführt werden.

Du siehst, die unterschiedlichen Energien werden auf unterschiedliche Weise gelöst. Ganz wichtig ist, dass die Aura sofort, nachdem ich etwas entfernt und sie somit verletzt habe, wieder geheilt wird. Dazu forme ich mit den Händen eine Lichtkugel, gebe sie in deine Aura und verstreiche sie dort. So werden Wunden in der Aura, die durch das Herausziehen von anhaftenden Energien entstehen, sofort wieder verschlossen, sodass deine Aura vollständig und unverletzt wieder ihre schützende Funktion erfüllen kann.

Reinigung und Schutz

Wie du gesehen hast, gibt es eine große Zahl von Energien, die Einfluss auf uns nehmen können. Manchmal sind es Energien, die aus früheren Leben stammen und bei denen wir die professionelle Hilfe eines Schamanen benötigen. Meist sind es aber Energien, die wir selbst mit unseren Gedankenformen erzeugt haben und gegen die wir uns auch selbst effektiv schützen bzw. von denen wir uns befreien können.

Solche negativen Gedankenformen haften sich an uns, sie durchdringen auf Dauer unsere Aura wie Regen unsere Kleidung durchdringt. Unsere Aura kann aber auch wie ein Schirm wirken oder wie gut imprägnierte Outdoor-Kleidung, wenn wir in unserer Mitte ruhen und geerdet, achtsam und ausgeglichen sind.

In diesem Kapitel möchte ich dir nun einige Übungen vorstellen, die dir wertvolle Unterstützung dabei bieten können, dich zu zentrieren und negative Energien einfach an dir abperlen zu lassen.

Grundsätzlich möchte ich dir empfehlen, dir einen schwarzen Turmalin anzuschaffen. Er wird als der Schutzstein gegen negative Energien angesehen. Du kannst ihn an einem Band um den Hals tragen (so liegt er direkt über deinem Herzchakra auf deiner Haut auf) oder ihn einfach in die Tasche stecken. Ab und an solltest du ihn unter fließendem Wasser reinigen und danach zum Trocknen und Aufladen in die Sonne legen.

Schaue dir nun die nachfolgenden Übungen an, und experimentiere ein wenig mit ihnen. Probiere aus, was sich für dich gut und stimmig anfühlt.

Übung 4: Aura reinigen und eine Energiepyramide visualisieren

Nimm dir ein paar Minuten Zeit, um deine Aura von all dem zu reinigen, was sich durch deine eigenen Gedanken, durch die Gedanken und Worte von anderen und durch deine allgemeine Lebensführung in ihr angesammelt hat.

Visualisiere deine Aura, und streiche dann ganz langsam von oben nach unten gerichtet alles Negative von ihr ab. Vertraue der Macht deiner Gedanken, deiner Vorstellungskraft! Stelle dir vor, wie du mit deinen Handbewegungen alles von dir abstreifst und dem Kosmos zur Umwandlung übergibst.

Befreie dich von diesen Einflüssen, visualisiere, wie deine Aura ganz rein und frisch erstrahlt. Dann stelle dir vor, wie sich vom Scheitel deines Kopfes aus eine Pyramide aus reiner Energie über dir ausbreitet. Visualisiere ihr Licht und ihre Kraft, die dich umhüllen. Alles Negative gleitet an der Pyramide ab. Nichts bleibt mehr an dir haften.

Mache dir diese Übung zur Gewohnheit, und führe sie täglich durch.

Es ist gut, manche Übungen immer und immer wieder zu machen, sie zur Gewohnheit werden zu lassen. Nach einer gewissen Zeit stellen sich dein Körper, dein Geist und deine Seele auf dieses Ritual ein und es wird von selbst immer kraftvoller und wirksamer. Es ist, als würdest du dir selbst das Signal geben: »Jetzt reinigen!« Dein ganzes Energiesystem reagiert auf diesen Reiz und unterstützt dich bei deiner Reinigung. Auch das nachfolgende Räucherritual kannst du je nach Bedarf öfter machen. Du wirst spüren, wann du Reinigung benötigst.

Übung 5: Räucherritual

Setze dich aufrecht und bequem an einen Platz, an dem du dich wohlfühlst und an dem du für eine Weile nicht gestört wirst. Vielleicht hast du eine Meditationsecke oder einen kleinen Altar in deiner Wohnung oder deinem Haus.

Komme zur Ruhe, atme tief und langsam, beobachte deinen Atem mit deiner ganzen Achtsamkeit. Entzünde nun eine Kerze und etwas Räucherwerk.

Nimm die Räucherschale oder was immer du verwendest, und führe sie vor dein Solarplexuschakra. Fächere den Rauch mit deiner Hand oder mit einer Feder an dir herauf und über deinen Kopf hinweg in den Raum. Der Rauch löst sich vor deinen Augen auf, nimmt anhaftende Energien mit und »entsorgt« sie in der geistigen Welt.

Fächere den Rauch um deinen Körper herum und lausche in dich hinein, um festzustellen, wo du heute vielleicht besonders der reinigenden Kraft des Rauches bedarfst. Visualisiere immer wieder, wie sich negative Ener-

gien von dir lösen und in die geistige Welt übergehen, wo sie transformiert werden.

Sende etwaigen Besetzungen dein ganzes Mitgefühl und weise sie auf die Kerze hin, die in deinem Ritual als Symbol für das Licht der geistigen Welt steht. Zeige Verständnis für das Leiden, das die verirrte Seele in der geistigen Welt festhält, und wünsche ihr, dass sie friedlich ins Licht gehen darf.

Das Mitgefühl im Räucherritual solltest du stets im Blick haben. Nicht nur, was etwaige Besetzungen angeht, sondern auch, was dich und deine Gedankenformen betrifft. Wenn du dich reinigst, musst du nicht aggressiv gegen negative Energien vorgehen, sie gewaltsam von dir stoßen und fortschleudern. Alles kann ganz sanft gehen, alles *darf* sich lösen.

Übung 6:
Einen Medizinbeutel anfertigen

Bei vielen Naturvölkern gab und gibt es den Brauch, einen Medizinbeutel anzufertigen, der als Schutz und Unterstützung auf dem eigenen Lebensweg dient. Du kannst dir einen kleinen Beutel selbst nähen oder aber auch kaufen. Material und Farbe spielen keine Rolle, nimm einfach, was dir gefällt und zu was du dich hingezogen fühlst.

Da die Herstellung solch eines Medizinbeutels als heiliger Akt verstanden wird, brauchst du einige Zeit, um ihn vorzubereiten. Er begleitet dich dann aber auch den Rest deines Lebens, also musst du nichts überstürzen oder dich in irgendeiner Art beeilen. Besorge dir eine Handvoll weißen Salbei. Entweder kaufst du bereits getrockneten Salbei oder frischen und hängst ihn in kleinen Büscheln für zwei Jahre an einen dunklen, trockenen und warmen Ort.

Wenn du den fertig getrockneten Salbei zur Verfügung hast, zerreibe ihn achtsam mit deinen Fingern, und vergegenwärtige dir dabei die schützende Kraft, die er dir schenkt. Danke der Pflanze, während du sie verarbeitest.

Den zerriebenen Salbei füllst du in deinen Medizinbeutel und fügst einen Schutzstein hinzu. Das kann ein schwarzer Turmalin sein oder ein anderer Stein, der für dich persönlich schützende Eigenschaften verkörpert. Du kannst auch andere Dinge in deinen Beutel legen. Vielleicht hast du eine Muschel oder eine Feder, die dir viel bedeutet, vielleicht ein Stück Rinde deines Lieblingsbaumes, das du im Wald gefunden hast. All diese Gegenstände kannst du durch die Macht deiner Gedanken mit schützender Energie aufladen und in deinen Medizinbeutel geben. Den fertigen Beutel kannst du fortan immer als energetischen Schutz bei dir tragen.

Übung 7:
Akasha-Chronik und Krafttier

Dein Krafttier kann dich ebenfalls auf deinem Weg unterstützen. Es stellt eine wohlmeinende Kraft, eine ganz besondere Energieform von Mutter Erde dar. Um Verbindung mit deinem Krafttier aufzunehmen, stellst du morgens eine geistige Anbindung an die Akasha-Chronik her. Damit meine ich nicht die Akasha-Bibliotheken, die es in Indien gibt, sondern die Akasha-Chronik der geistigen Welt, die jedem Menschen zur Verfügung steht.

Setze oder stelle dich aufrecht hin, verwurzele dich in der Erde, atme achtsam, und visualisiere dann eine goldene Kugel, die über deinem Scheitel schwebt. Stelle dir vor, wie eine Art »Schlauch« von deinem Scheitelchakra nach oben führt und an der goldenen Kugel andockt. Dies ist die Anbindung an dein höheres Selbst.

Jetzt kannst du Verbindung mit deinem Krafttier erbitten und ihm danken, dass es für dich da ist und dich unterstützt. Frage dann die geistige Welt, in welchem Chakra du heute arbeiten oder auf welches Chakra du heute besonders achten sollst. Die entsprechenden Qualitäten des Chakras werden heute benötigt, damit du in deiner Mitte ruhen kannst und somit geschützt vor negativen Einflüssen bist.

Die folgende Übung sollte man ebenfalls immer wieder einmal machen, gerade dann, wenn man das Gefühl hat, die Bodenhaftung zu verlieren, wenn einem alles zu entgleiten scheint oder wenn man sich nur noch mit spirituellen Themen beschäftigt, dabei aber seinen Alltag aus dem Blick verliert.

Übung 8:
Verbindung von Erde und Himmel

Wenn das Wetter es zulässt und du die Möglichkeit hast, solltest du diese Übung unter freiem Himmel machen.

Als Erstes solltest du deine Schuhe ausziehen. Das dient nicht nur einem besseren Gefühl für den Boden und verbindet dich direkter mit der Erde, sondern ist auch ein Zeichen der Achtung. Du erkennst damit an, dass du auf heiligem Boden stehst! Ganz gleich, wo du bist, der Boden unter deinen Füßen gehört letztlich zu Mutter Erde, die deine ganze Wertschätzung verdient.

Stelle dich barfuß und aufrecht hin, die Füße etwa schulterbreit auseinander. Verschaffe dir einen sicheren Stand, ein gutes, festes Gefühl. Deine Arme und Hände ruhen locker an deinen Seiten.

Schließe deine Augen, und achte für ein paar Momente auf deinen Atem. Spüre, wie er ein- und wieder ausströmt. Lausche! Vielleicht hörst du deinen eigenen Herzschlag, deinen Atem, das Singen von Vögeln oder umhersirrende Insekten.

Atme tief ein, und stelle dir vor, wie mit dem nächsten Ausatmen aus deinen Füßen dicke, knorrige Wurzeln in die Erde wachsen. Mit dem nächsten Einatmen ziehst du die Kraft der Erde nach oben in deinen Körper, mit dem nächsten Ausatmen lässt du die Wurzeln sich noch tiefer in die Erde graben. Wiederhole das ein paar Mal, bis du dich fest verwurzelt fühlst.

Stehe für eine Weile so da, und genieße das Gefühl des Verwurzeltseins.

Atme nun wieder tief ein, und stelle dir mit dem nächsten Ausatmen vor, wie langsam ein paar wilde Äste aus deinem Kopf in Richtung Himmel wachsen. Mit dem nächsten Einatmen ziehst du die Kraft von Vater Himmel herab in deinen Körper, mit dem folgenden Ausatmen lässt du die Äste weiter nach oben wachsen. Wiederhole dieses Wachsen und Kraftziehen ein paar Mal, so lange, wie es sich gut anfühlt.

Stehe nun zwischen Himmel und Erde: verwurzelt und ausgestreckt. Fühle die Verbindung zu beiden Kräften, zu Mutter Erde und zu Vater Himmel. Atme tief ein und aus. Spüre und genieße die Verbindung.

Wenn du so weit bist, öffne die Augen, bedanke dich bei Erde und Himmel, und fahre mit deinem Tag fort.

Die nächste Übung wird dir zeigen, dass vieles im Seelenschamanismus überraschend einfach ist, wenn wir lernen, unsere Gedanken auszurichten.

Übung 9: Chakren-Steine

Für diese Übung benötigst du ein Foto von dir, das nicht älter als zwei Jahre sein sollte. Suche dir einen Platz, an dem das Foto ungestört liegen kann, vielleicht in deiner Meditationsecke oder in der Nähe deines Altars. Du kannst nun vier Turmaline auf das Foto legen und deine Gedanken darauf ausrichten, dass diese Steine deine Aura schützen werden. (Es ist »nur« ein Foto, ich weiß, aber die geistige Welt erkennt dich und versteht deine geistige Ausrichtung. Aus diesem Grund sind auch Fernheilungen über ein Foto möglich.)

Noch besser ist ein Chakren-Steine-Set, das du auf dem Foto platzierst. Dieses musst du nicht extra kaufen, und es müssen auch keine Edel- oder Halbedelsteine sein. Ich empfehle dir, dich auf einen langen Spaziergang in die Natur aufzumachen und dich geistig darauf auszurichten, deine Chakren-Steine zu finden. Sage dir selbst den Satz vor: »Jetzt werde ich den Schutzstein für mein erstes Chakra finden.« Lasse dich von deiner Intuition leiten, die dich ganz sicher zum richtigen Stein führen wird. Frage die Natur, ob du den gefundenen Stein mitnehmen darfst. Wenn du ein Ja empfängst, stecke den Stein ein, bei einem Nein lässt du ihn, wo er ist, und suchst weiter.

So verfährst du nun mit jedem Chakra, bis du sieben Steine beisammen hast.

Dann gehst du nach Hause, nimmst die Steine aus deiner Tasche und platzierst sie auf deinem Bild, immer mit der geistigen Ausrichtung: »Dieser Stein schützt mein erstes Chakra, dieser Stein schützt mein zweites Chakra«, und so weiter.

Jetzt hast du ein vollständiges Chakren-Steine-Set, das mithilfe deines Fotos deine Aura zu beschützen vermag.

Ich selbst habe solche Steine seit Jahren auf Fotos von mir und meiner Frau liegen. Dieser Schutz ist für mich spürbar und wichtig.

Erinnerst du dich noch an die Piraten, von denen ich im Kapitel über Besetzungen sprach? Diese wilden Kerle, die es lieben, wenn unser inneres Meer aufgewühlt ist? Chakren-Steine auf unserem Bild können unsere innere Harmonie erhalten, sodass die Energie ungehindert fließt und uns schützend umhüllt – mithilfe der Steine und ihrer verinnerlichten Symbolik zentrieren wir uns und beruhigen das »Meer«, sodass die wilden Piraten sich nicht angezogen fühlen.

Nun stelle ich noch ein allgemeines und sehr einfaches Schutzritual vor, das du täglich vollziehen kannst.

Übung 10:
Schutzritual

Sitze oder stehe aufrecht, zentriere dich, und atme ein paar Mal tief durch. Dann visualisiere ein goldenes Flimmern, eine sacht schimmernde Energie, die sich von deinem Kopf aus über dich ausbreitet. Stelle dir vor, wie diese Energie deinen ganzen Körper einhüllt: deinen Kopf, deine Schultern, deine

Arme, deine Brust, deinen Rücken, deinen Bauch, deinen Unterleib, dein Gesäß, deine Beine, deine Füße. Ziehe diese goldene Schutzhülle bewusst über dich. Sei gewahr, dass dich diese Hülle gegen alle negativen Energien schützt, gleichzeitig aber die Berührungen der positiven Energien deiner Mitmenschen und anderer Wesen hindurchlässt. Du ziehst keine Ritterrüstung an, sondern ein geschmeidiges, durchsichtiges Gewebe aus Licht.

Im Laufe deines Tages kannst du diese schimmernde Energiehülle immer wieder einmal visualisieren und dich an ihr erfreuen.

Diese Übungen werden dir helfen, immer zentrierter zu werden und negative Energien an dir abprallen zu lassen. Regelmäßige Reinigung hilft dir, dein Energiefeld sauber zu halten (denke an das Beispiel mit dem Vogelkot!), und die Schutzübungen und -rituale verhindern das Festsetzen weiterer unerwünschter Energien.

Schlusswort

Ich hoffe, ich konnte dir mit diesem Buch einen Einblick in die faszinierende Welt der Energien bieten. Und ich hoffe, du verstehst, dass es hier nichts gibt, wovor man sich fürchten müsste. Alle Energien können geklärt werden, und das meiste kannst du mit deiner eigenen seelenschamanischen Arbeit selbst ohne Probleme erledigen.

Alle diese Energien entstehen oder haften an uns durch die Macht unserer Gedanken und Vorstellungen. Und mit dieser Macht können wir alles zum Positiven wenden.

Denke darüber nach! Du bist der Herr deiner Gedanken und Gefühle.

In unserer Zeit wird immer mehr Menschen bewusst, dass sie selbst die Verantwortung für ihr Wohlbefinden und auch für ihren spirituellen Weg tragen. Ich bin froh und dankbar für jeden Einzelnen, der diese Verantwortung übernimmt.

Meine Aufgabe ist es, meine Erfahrungen zu teilen und meine Unterstützung anzubieten, wenn die Probleme allein nicht gelöst werden können. Manchmal braucht man Hilfe auf dem Weg, eine stützende Hand oder jemanden, der einem an einem beschwerlichen Tag die Wasserflasche reicht oder ein Wegstück den Rucksack trägt. Aber gehen muss man den Weg selbst!

Ich wünsche dir, dass du deinen Weg entdeckst und ihn beherzt verfolgst.

Möge deine Seele glücklich sein und die Erfahrungen dieser Welt als Bereicherungen erleben!

Reinhard Stengel, der »Rainbowman«, war lange im Management tätig. 1986 hatte er erste Kontakte zum Schamanismus, entschied sich aber erst 2004, seinen Beruf aufzugeben und als Heiler und Schamane zu wirken. Heute ist er erfolgreicher Vortragsredner und Trainer, der deutschlandweit die Säle füllt. Seine Erfolge in der Behandlung psychischer und physischer Störungen sprechen für ihn.

Weitere Informationen unter:
www.reinhard-stengel.de

Außerdem von Reinhard Stengel im Schirner Verlag erschienen:

Reinhard Stengel
Rainbowman
Seelenschamanische Energiearbeit
208 Seiten
ISBN 978-3-8434-1042-7

Reinhard Stengel
Was Finger verraten
Seelenschamanische Deutung von Krankheiten und Blockaden
192 Seiten
ISBN 978-3-8434-1261-2

Die Reihe »Seelenschamanische Energiearbeit«

Die von Reinhard Stengel entwickelte Ausbildung in Seelenschamanismus ist in 12 Module unterteilt, die jetzt einzeln in Buchform verfügbar gemacht werden und auch eigenständig anwendbar sind.

Die Aura sehen, verstehen und heilen
96 Seiten
ISBN 978-3-8434-5072-0

Chakren fühlen, ausgleichen und anregen
96 Seiten
ISBN 978-3-8434-5063-8

Das innere Kind, die innere Frau, den inneren Mann erwecken und harmonisieren
96 Seiten
ISBN 978-3-8434-5090-4

Flüche, Besetzungen, Implantate lösen
96 Seiten
ISBN 978-3-8434-5064-5

Die Schwangerschaft aufarbeiten
Auflösung der frühesten Prägungen
96 Seiten
ISBN 978-3-8434-5091-1

Seelengespräch mit dem Körper
Die Botschaften des Körpers entschlüsseln
96 Seiten
ISBN 978-3-8434-5095-9

Zwischen den Welten
Schamanische Reisen als Weg zu uns selbst
96 Seiten
ISBN 978-3-8434-5096-6

In Harmonie sein
Im Kreis des Lebens heil werden
96 Seiten
ISBN 978-3-8434-5125-3

Reise in die Einheit
Körper und Seele wieder ganz werden lassen
96 Seiten
ISBN 978-3-8434-5126-0

Reise in die eigene Vergangenheit
Alte Blockaden loslassen, neue Wege gehen
96 Seiten
ISBN 978-3-8434-5145-1

Von Reinhard Stengel gesprochene Meditationen auf CD

Federn, Fell und Krallen
Eine Begegnung mit deinem persönlichen Krafttier
ca. 42 Min.
ISBN 978-3-8434-8277-6

Ganz werden – heil werden
Verlorene Seelenanteile aus der Unteren Welt zurückholen
ca. 41 Min.
ISBN 978-3-8434-8278-3

Der Weg ins Licht
Verlorene Seelen nach Hause führen
ca. 41 Min.
ISBN 978-3-8434-8279-0

Von guten Mächten begleitet
Eine Reise zu deinem geistigen Lehrer in der Oberen Welt
ca. 40 Min.
ISBN 978-3-8434-8280-6

Bis nur noch Liebe bleibt
Vergeben – Abhängigkeiten loslassen
ca. 32 Min.
ISBN: 978-3-8434-8281-3

Seelengespräch mit dem Herzen
Das emotionale und körperliche Zentrum heilsam berühren
ca. 40 Min.
ISBN 978-3-8434-8285-1

Reise zum inneren Kind, zur inneren Frau, zum inneren Mann
3 CDs, ca. 119 Min.
ISBN 978-3-8434-8286-8

Von Grund auf neu …
Die frühesten Erfahrungen aufarbeiten
3 CDs, ca. 137 Min.
ISBN 978-3-8434-8307-0

Eins mit uns selbst
Aufarbeitung der Schwangerschaftsmonate
ca. 61 Min.
ISBN 978-3-8434-8308-7

Erkenne dein Licht
Die sieben Chakren harmonisieren und aktivieren
ca. 70 Min.
ISBN 978-3-8434-8361-2